Dieses Buch gehört:

....

....

Ein Tag im Zoo

Lena hat Geburtstag! Deshalb hat ihr Leon einen Tag im Tierpark geschenkt. Also eigentlich hat Leon seiner Schwester Lena keinen Tag geschenkt, denn einen Tag kann man nicht verschenken. Leon hat Lena eine Eintrittskarte für den Tierpark geschenkt, damit Lena vom Morgen bis zum Abend im Tierpark sein kann. Lena ist begeistert und gleich nach dem Frühstück fährt sie mit Leon und ihrer Freundin Lara und anderen Freunden zum Tierpark. Sie sehen sich zusammen die Ponys, die Giraffen, die Bären, die Esel und die Zebras an und irgendwann entdecken sie ein kleines Streichelgehege. Lena gefallen die niedlichen Häschen. Der kleine Hase mit dem grauen Fell ist ganz besonders süß, verrät sie ihren Freunden. Den würde sie am liebsten mit nach Hause nehmen, weil der so lieb schaut! Lara findet nicht, dass der kleine Hase lieb schaut. Der schaut komisch, sagt sie, und der hat auch ganz komische Augen. Die anderen nicken. Außerdem glänzt das Fell von dem nicht, meint Leon. Und sehr seltsame Ohren hat der auch! Die Pfötchen sind viel zu kurz, entdeckt einer, und das Stummelschwänzchen ist viel zu lang, verkündet ein anderer. Lena ist traurig, dass Leon und ihren Freunden das kleine Häschen so gar nicht gefällt. Aber sie findet das Häschen trotzdem süß!

Und sie würde es am liebsten jeden Tag füttern und jeden Tag mit ihm spielen und jeden Tag mit ihm kuscheln! Das kannst du auch tun, sagt auf einmal eine tiefe Stimme neben ihr. Lena dreht sich erschrocken um. Da steht ein Tierpfleger vom Tierpark! Und der lacht genauso wie Leon und Lenas Freunde. Weil alle nämlich nur Spaß gemacht haben und das Häschen auch total süß finden. Und weil sie Lena genau dieses graue Häschen zum Geburtstag schenken ...

Die neue Schaukel

Das Eichhörnchen braucht eine Schaukel. Wer den ganzen Tag auf Bäumen herumklettert und Futter sucht, der muss sich auch einmal auf eine Schaukel setzen und den anderen zuschauen können. Anna und Andy fragen Onkel Paul, ob sie eine Schaukel kaufen können. Aber der Onkel hat noch eine viel bessere Idee. Er sucht in seinem Werkzeugschuppen und findet ein Brett und ein Seil. Von dem Brett sägt er ein Stück ab, daraus soll der Sitz für die Schaukel werden. Dann denkt er einen Moment nach und kratzt sich dabei am Kinn. Anna und Andy lachen, weil Onkel Paul aussieht, als ob er einen neuen Mähdrescher erfinden will. Onkel Paul lacht natürlich auch. Mit einem Messer, das Anna und Andy nicht nehmen dürfen, schneidet er zwei lange Stücke vom Seil ab. Die sollen an einem starken Ast festgeknotet werden, sie halten den Schaukelsitz. Der Onkel kratzt sich wieder am Kinn. Jetzt lacht er aber, weil er etwas vergessen hat. Mit einer großen Bohrmaschine, die ziemlichen Lärm macht, bohrt der Onkel noch vier Löcher in das Brett. Die beiden Seilenden müssen ja auch am Sitz befestigt werden. Mit den Seilen und dem Schaukelsitz laufen Anna und Andy zu einem Apfelbaum, wo schon das Eichhörnchen, die Hunde und die Häschen gespannt auf die neue Schaukel warten.

Zuerst ziehen die beiden Kinder ein Seil durch die Löcher im Sitz und dann das andere Seil durch die anderen Löcher. Sie verknoten die Seile über dem Sitzen und werfen die anderen Seilenden dann über den dicksten Ast. Nachdem das kleine Eichhörnchen die neue Schaukel ausprobiert, ist der kleine Hund Leo ganz traurig. Er möchte auch schaukeln. Anna tröstet ihn und verspricht, dass jeder schaukeln darf. Und vielleicht bekommt Leo sogar später eine eigene Schaukel ...

Pauls Geburtstag

Bauer Paul hat bald Geburtstag. Ihm gehört der Bauernhof, auf dem ganz viele Tiere leben. Katzen, Hunde, Schweine, Kühe, Schafe, Hühner, Enten, Hasen und sogar eine Igelfamilie. Und natürlich auch Conny, das kleine Pony. Weil jeder Geschenke schenkt, haben sich die Tiere etwas ganz Besonderes zu Pauls Geburtstag ausgedacht. Sie wollen alle zusammen ein Programm einstudieren und es dann gleich früh am Morgen aufführen. Auf dem Platz vor dem Bauernhaus ist das ganz einfach möglich, dort treffen sich nämlich ein paar Wege. Und dort ist es sogar besser als auf einer Bühne. Die Tiere treffen sich unten am Bach, damit der Bauer nichts von den Proben mitbekommt. Sonst wäre es ja keine Überraschung mehr. Alle Tiere geben sich wirklich große Mühe und strengen sich richtig an, aber schon nach ein paar Minuten merken sie, dass das so nichts werden kann. Alles geht durcheinander und nichts passt zusammen. Es sieht wirklich lustig aus, deshalb müssen alle lachen. Aber so wird aus den Drehereien und Hüpfereien kein Programm, so können sie Bauer Paul höchstens erschrecken. Conny galoppiert eine Runde um die Bäume herum und als sie zurückkommt, hat sie eine Idee. Sie wird der Programmchef werden und sie wird auch das Programm beginnen.

Gemeinsam mit einem Schimmel, den sie zu Hilfe gerufen hat. Die anderen Tiere sind einverstanden und sie sind begeistert, als Conny mit ihrem großen weißen Freund im Bach tanzt. Sie spritzen um sich und gießen somit alle in der näheren Umgebung wachsenden gelben und roten Wiesenblumen. Nun funktioniert alles. Die Enten flattern im Kreis um Conny herum und schnattern laut ein Geburtstagslied. Pauls Fest kann also nun beginnen ...

Besuch beim Tierarzt

Das kleine Schäfchen Sammy muss unbedingt zum Tierarzt. Sammy hat nämlich den ganzen Tag schon Kopfschmerzen. Und nun auch noch Fieber, das haben Lena und Leon gerade mit einem richtigen Fieberthermometer gemessen! Sammy muss wirklich zum Tierarzt! Aber wie soll Sammy dort hinkommen? Selbst laufen, das geht nicht, das ist viel zu anstrengend! Bis zum Tierarzt sind es mindestens ... viele Kilometer. Oder ganz viele oder noch viele mehr! So genau wissen Lena und Leon das auch nicht, aber es ist ganz schön weit! Sammy bis zum Tierarzt tragen? Lena und Leon haben schon viel getragen, aber Sammy ist zu schwer! Leon hat es versucht, aber er hat es nur einen Meter geschafft. Und dabei wäre er schon fast umgefallen! Warum schicken wir nicht Paula mit Sammy zum Tierarzt? Sie steht schon den ganzen Nachmittag im Stall und langweilt sich. Wenn Paula als Pferd die großen Reiter tragen kann, dann kann sie garantiert auch die kleine Sammy tragen! Aber Lena und Leon finden keinen Sattel, auf den sie Sammy setzen können. Das ist schade! Paula kann Sammy ja nicht halten, sie braucht alle vier Beine zum Laufen und kann nicht einfach mit einem Bein Sammy an der Schulter festhalten. Also darf Paula das nicht übernehmen, auch wenn sie gerne helfen würde!

Als Lena und Leon schon ziemlich verzweifelt sind und aus ein paar Brettern einen Handwagen bauen wollen, tuckert es plötzlich in der alten Scheune neben dem Stall! Was passiert denn jetzt, denken die Geschwister und verstecken sich schnell hinter einem Strohballen. Es passiert aber nichts Schlimmes, nur ein kleiner Traktor rollt aus der Scheune. Das ist die Lösung! Denn der Traktor wird die kleine Sammy schnell und sicher zum Tierarzt bringen …

Das doppelte Schäfchen

Lena und Leon reden nicht mehr miteinander - weil Lena ihrem Bruder Leon nicht mehr glauben kann! Leon hat ihr erzählt, dass er das Schäfchen Sammy gesehen hat! Das ist eigentlich nichts Besonderes, aber Leon will das Schäfchen Sammy genau zu der Zeit am Waldrand gesehen haben, zu der Lena mit Sammy auf dem Bauernhof gespielt hat. Und das kann ja nun nicht wahr sein! Leon ist also ein Lügner und Lena ist deshalb ganz traurig! Sie haben sich doch immer so gut vertragen. Sie sind doch Bruder und Schwester und außerdem sind sie doch Freunde! Aber Leon hört nicht auf mit seinen Lügen, gerade hat er wieder eine erzählt: Er will das Schäfchen Sammy am Sportplatz beobachtet haben – aber zur gleichen Zeit hat Lena an der Scheune mit Sammy gesprochen. Zum Glück war Lena nicht allein dort. Das Kälbchen war dabei, die Ente, ein Huhn, die Hasen und ein Vögelchen. Lena hat also Zeugen und Leon hat wieder gelogen! Das ist schlimm, das ist sehr schlimm und das finden auch die Tiere! Sie wollen deshalb mit Leon reden, aber Leon will nicht! Er versichert immer wieder, dass er nicht gelogen und dass er Sammy gesehen hat. Aber niemand glaubt ihm. Deshalb steht Leon irgendwann ganz allein da und keiner will mehr mit ihm spielen!

Auch Leon ist nun traurig. Und dann trifft er Sammy auch noch am Weg ins Dorf. Aber Sammy ist gar nicht Sammy, das Schäfchen bei Leon heißt Sandy! Sie ist Sammys Zwillingsschwester und sie lebt bei einem anderen Bauern im Dorf! Leon hat also immer Sandy und gar nicht Sammy gesehen! Leon lacht und zehn Minuten später lachen auch Lena und die Tiere wieder. Und alle sind glücklich, dass Leon doch überhaupt kein Lügner ist …

Die Mannschaft

Lena und Leon sind zu einem Fußballspiel eingeladen. Aber nicht zu einem, bei dem sie nur auf ihren Plätzen sitzen und jubeln. Sie sollen selbst spielen - gegen drei Freunde! Die haben einen Ball geholt und warten nun auf Lenas Entscheidung. Leon möchte gern spielen, denn er kickt ziemlich gern und ziemlich oft. Auf dem Schulhof oder auf dem Sportplatz oder einfach so. Lena hat auch schon mit Leon Fußball gespielt und sie spielt gar nicht schlecht. Nicht schlecht für ein Mädchen, wie Leon immer mit einem breiten Lächeln meint. Obwohl sie an diesem Tag eigentlich keine Lust hat, will sie keine Spielverderberin sein und sagt ja. Weil sich Leon doch so auf das Spiel freut! Außerdem spielt im anderen Team auch ein Mädchen. Leon kratzt sich am Kopf und überlegt. Lena und er sind ja nur zu zweit, die anderen aber sind zu dritt. Das ist unfair! Weil niemand in der Nähe ist und keiner noch einen Spieler suchen will, muss eben Hasso mitspielen! Der kleine, weiß-braune Hund jagt über die Wiese und Lena stolpert fast über ihn. Und als Leon den Ball zu ihm spielt, setzt sich Hasso und schleckt den Ball ab. So geht das nicht und so wird das nichts, so haben Lena und Leon und Hasso keine Chance gegen die anderen! Leon verlangt eine Pause und verschwindet mit Hasso hinter einem Hügel.

Es dauert mindestens zehn Minuten, dann sind die beiden wieder da. Nun jagt Hasso nicht einfach mehr so über die Wiese, nein, er jagt mit dem Ball. Den stupst er mit der Nase immer wieder nach vorn. Weil er dabei viel schneller ist als alle anderen, kann Leon dann den Ball nehmen und das Tor schießen. Erst eines und dann noch eines und dann immer mehr – und irgendwann gewinnt die Mannschaft mit dem kleinen Hund …

Ein großer Stein

Kati und Hugo müssen eine ganze Igelfamilie retten. Die ist nämlich in ihren Bau eingeschlossen, weil vor dem Eingang ein großer Stein liegt. Ein riesengroßer Stein, den keiner aus der Familie mit seiner Stupsnase oder seinen Beinchen beiseite schieben kann. Die Maus holt Kati und Hugo zu Hilfe, denn sie ist zufällig bei Igels. Sie kann durch ein kleines Loch neben dem Stein in die Freiheit schlüpfen und sie rennt natürlich gleich zu Kati und Hugo. Bleibt ruhig, ruft Hugo zur Igelfamilie hinter dem Stein, als er und Kati am Waldrand angekommen sind. Wir holen euch da raus, wir schaffen das! Das muss Hugo sagen, damit die Igelfamilie keine Angst bekommt. Aber wie sie den Stein schaffen sollen, wissen Hugo und Kathi nicht. Vielleicht ein Seil durch das Loch neben dem Stein schieben? Ein Seil, an das sich dann ein Igel nach dem anderen binden kann? Und die beiden Freunde ziehen sie dann vorsichtig aus dem Bau? Das geht aber irgendwie nicht, denn wie sollen sie einen so großen Igel dann durch das Loch bekommen, durch das nur die Maus passt? Die Maus kann nicht helfen, sie ist viel zu klein. Kati und Hugo überlegen ganz angestrengt, weil die Igel aus dem Bau schon nach ihnen rufen. Dann kratzt sich Hugo am Kinn und springt plötzlich jubelnd hoch.

Er hat die Lösung gefunden. Mit seinen Pfoten gräbt er sich zwischen Stein und Eingang in den Boden. So tief, dass er die Vorderpfoten am Eingang abstützen und die Hinterpfoten auf den Stein legen kann. Er stemmt sich mit aller Kraft gegen den Stein und auf einmal bewegt sich das große graue Ding. Kati und die Maus feuern Hugo an, bis er schließlich den Stein vom Eingang weg geschoben hat. Und dann sind die Igel frei und kommen strahlend heraus.

Das Baumhaus

Auf einem großen Baum am Weg, der vom Bauernhof ins Dorf führt, haben die kleine schwarze Katze Mauzi und ihre Schwester Lisa ein Baumhaus entdeckt. Mit einem roten Dach, einer roten Tür und sogar einem kleinen Fenster. Die beiden Kätzchen sind ziemlich aufgeregt, denn von dort oben in der Baumkrone hat man bestimmt eine tolle Aussicht. Zum Bauernhof, zum Dorf und zum Wald. Lisa und Mauzi wissen nicht, wer das Baumhaus gebaut hat und wem es gehört. Aber der Besitzer hätte bestimmt nichts dagegen, wenn sie sich das Haus mal anschauen würden. Ob es leer ist? Ob es da drin Räume und Möbel gibt und vielleicht gar ein bequemes Katzenkörbchen? Die beiden wissen es nicht. Und leider wissen sie auch nicht, wie sie nach oben gelangen sollen. Eine Leiter oder ein Seil zum Hinaufklettern gibt es nicht und direkt am Baum geht es auch nicht, weil unter dem Baumhaus ein dickes Brett angebaut ist. Irgendwie müssen wir das schaffen, denkt Lisa, wir schaffen das bestimmt. Vielleicht hilft der Stapel mit den Brettern und den langen Rundhölzern? Mauzi und Lisa suchen um den Baum herum und im Gras nach etwas, was sie zum Klettern verwenden können. Als sie eine ganze Weile gesucht haben, entdecken sie doch eine Leiter, die jemand unter einer Hecke versteckt hat. Gemeinsam mit ihrer Mama ziehen sie die Leiter zum Baum, aber die Leiter ist zu kurz. Hm, die reicht aber nicht bis nach oben. Also lehnen sie die Leiter an den Stapel mit den Brettern und suchen dann aus dem Stapel so ein Rundholz heraus, das wohl früher mal ein Ast war. Sie schieben es vom oberen Ende der Leiter auf das blaue Brett vom Baumhaus. Und nun können sie ganz einfach zum Haus spazieren und dort die herrliche Aussicht genießen …

Die Schatzkarte

Lena und Leon wollen mit ihren Eltern einen Tag am Strand verbringen. Nach dem Frühstück fahren sie los und eine Stunde später können sie am Meer ihre Taschen auspacken. Natürlich haben sie an das Sonnenöl gedacht. Damit reiben sich Lena und Leon ein. Sonne ist gut, aber Sonnenbrand nicht. Das sagt auch die Freundin von Mama immer und die muss es wissen, die ist Krankenschwester. Eine halbe Stunde tollen Lena und Leon mit vielen anderen im Wasser herum. Dann haben sie erst einmal genug, denn das Wasser ist doch noch ein bisschen kalt. Auch wenn die Sonne so schön scheint! Lena und Leon ziehen sich wieder ihre T-Shirts und Shorts über. Sie wollen nicht in den Liegestühlen sitzen, die Papa herangeschleppt hat. Aber auf einmal wollen sie doch – in Lenas Strandkorb liegt nämlich ein Stück Papier. Es ist aber kein normales Stück Papier, es ist eine Schatzkarte! Eine echte Schatzkarte mit Kreisen und Kreuzen und solchen Sachen. Lena und Leon sind aufgeregt, denn die Wellenlinien und der Bogen auf dem Papier sollen bestimmt das Meer darstellen. Daneben entdecken sie ein dickes Kreuz. Also muss der Schatz im Sand vergraben sein. Sie nehmen ihre Schaufeln und Eimer und laufen genau zur Mitte des Strandes.

Dort fängt Lena an zu graben, aber Leon ist nicht einverstanden. Lena soll ein Stück weiter links graben. Sie gräbt und gräbt und Leon steckt mit zwei Fähnchen von einem kleinen Jungen die Stelle ab. Plötzlich findet Lena etwas. Im Sand liegt eine Plastiktasche, so eine aus dem Supermarkt. Während Leon seinem Papa zuzwinkert, entdeckt Lena in der Tasche ihr Lieblings-Plüschtier. Sie vermisst es schon seit drei langen Tagen - und es ist der schönste Schatz für sie ...

Holz für den Winter

Anna und Andy verbringen die Sommerferien bei Tante Paula und Onkel Paul auf dem Land. Die Tante und der Onkel haben einen großen Bauernhof, der gleich von drei Feldern umgeben ist, und noch ihr Haus daneben. Anna und Andy bekommen ein Zimmer über der Küche. Wenn sie in ihrem Zimmer aus dem Fenster schauen, können sie bis zum Wald sehen und bei richtig schönem Wetter sogar bis zum nächsten Dorf. Tante Paula und Onkel Paul sitzen schon am Frühstückstisch in der Küche, als Anna und Andy nach unten kommen. Zum Frühstück gibt es warme Kuhmilch, frische Eier und selbst gemachte Marmelade, die besonders lecker schmeckt. Der Onkel fährt mit dem Traktor ins Dorf, weil er Futter für die Schweine holen muss. Und die Tante hat im Kuhstall zu tun. Anna und Andy werden ihr später noch helfen. Aber erst einmal holen sie mit ihrer kleinen roten Schubkarre die Holzstücke, die Onkel Paul nachher noch zerhacken will. Das Holz hat der Onkel aus dem Wald geholt, wo durch den Wind in der letzten Woche ein paar Bäume umgestürzt sind. Anna und Andy fahren die Stücke mit der Schubkarre von einer Scheune zu einem Platz neben dem Haus und legen dort alles auf einen großen Haufen. Als Onkel Paul aus dem Dorf zurückkommt, freut er sich, dass Anna und Andy so

fleißig waren und das Holz vorbereitet haben. Er zerteilt mit einer schweren Axt die Holzstücke. Immer wenn ein paar Holzstücke fertig sind, schlichtet sie Anna in die Schubkarre und Andy fährt sie zum Haus. Mit dem Onkel stapeln sie später die gehackten Stücke noch zu einer richtig langen Holzwand an der Giebelseite des Hauses. So ist für den nächsten Winter genug Brennstoff für den Ofen da. Den duftenden Kuchen mit Pflaumen haben sich Anna und Andy wirklich verdient …

Am Spielplatz

Ein Spielplatz ist ziemlich teuer, hat der Bürgermeister gesagt. Das ist der klügste Mann im Dorf und der muss es wissen. Lena und Leon verstehen das. Zum Geburtstag können sie ja auch nicht alle Spielsachen bekommen, die im Spielzeugladen in den Regalen liegen. Aber ein Spielplatz wäre schon toll, das finden auch ihre Freunde. Und gleich neben der Schule haben sie auch einen guten Platz für einen Spielplatz entdeckt. Eine ebene Wiese mit Hecken an drei Seiten. Da könnten alle Kinder spielen und der Wind müsste an der Hecke warten. Und auch Mamas und Papas hätten Platz. Warum spielen wir nicht einfach Spielplatz, denken Lena und Leon. Wir basteln aus Pappe eine Schaukel und eine Rutsche und eine Wippe. Und wenn wir dann noch Lust haben, versuchen wir noch ein Karussell! Ihre Freunde sind begeistert und schon sind alle schwer beschäftigt. Einige der Freunde zeichnen die Spielgeräte auf die Pappen, andere schneiden die Teile aus, die nächsten falten sie und noch ein paar kleben alles richtig zusammen. Jeder tut das, was er am besten kann. Und schon bald ist alles fertig! Sie tragen ihre Schätze aus Pappe zu dieser Wiese und stellen sie auf. Aber zum Ausprobieren ist es schon zu spät, deshalb werden sie morgen alles mit ihren Puppen testen .

Heute stehen alle auf der Spielplatz - Wiese und staunen mit großen Augen. Alle gemachten Basteleien sind nämlich verschwunden. Und die Spielgeräte warten. Es gibt eine Schaukel, eine Rutsche, eine Wippe und sogar ein Karussell! Lena und Leon und ihre Freunde sind total begeistert! Vor Freude kreischend rennen sie los und sie sehen nicht, dass sich nebenan eine ganze Menge Mamas und Papas mindestens genauso glücklich anlächeln ...

Das Wettrennen

Großes Wettrennen auf dem Bauernhof und alle Bauernhoftiere wollen dabei sein. Die Kuh und Katja, das Kälbchen, Freddi, das Ferkel, und das kleine Pony Conny mit dem Pferd Sultan, die Enten und ein Lämmchen. Benny, der kleine hellbraune Hund, das schwarze Kätzchen Lisa und der Hahn haben keine Lust. Sie wollen lieber Schiedsrichter sein und genau aufpassen, dass keiner schummelt. Deshalb setzen sich Lisa und der Hahn auf das weiße Holztor mitten auf dem Weg. Wir müssen das Tor aber noch öffnen, denkt Lisa. Wenn die nachher alle hier ankommen, darf das Tor nicht zu sein, sonst stößt sich noch einer den Kopf daran. Das Öffnen erledigt der kleine Hund Benny, der hat die meiste Kraft. Als Benny das geschafft hat, ruht er sich im Gras aus. Eigentlich könnte ich noch ein bisschen schlafen, bis die ganzen Renner hier sind, bin ich längst wieder aufgewacht. Aber Benny schläft nicht, ein Schiedsrichter darf nicht schlafen, der muss immer wach sein. Die Tiere haben sich an der Scheune neben dem Bauernhof aufgestellt, aber nicht nebeneinander, sondern hintereinander. Damit alles fair ist und gerecht zugeht. Die Tiere mit den ganz langen Beinen wie Sultan und die Kuhmama stehen ganz hinten. Vor ihnen warten Conny und Katja und ganz vorn sind Freddi, die Enten und das

Ferkel schon ganz aufgeregt. Als der Bauer Paul den Startschuss gibt, rennen alle los. Aber nicht alle haben es so richtig eilig. Sultan und Conny laufen einen Umweg über die Wiese, weil das Gras dort so schön saftig ist. Katja fragt die Kuhmama etwas und deshalb bleiben die beiden erst einmal stehen, und Freddi und das Lämmchen necken sich gegenseitig. Deshalb laufen die beiden Enten nebeneinander zuerst durch das Ziel im Tor …

Die Fische im Bach

Die Fische können nicht mehr im Bach schwimmen! Das hat ein Freund von Lena und Leon gesagt. Aber er hat nicht erklärt, warum die Fische nicht mehr schwimmen können. Weil er ganz schnell wieder nach Hause wollte. Lena und Leon müssen unbedingt herausfinden, was passiert ist. Und sie müssen den Fischen helfen! Wenn die Fische nämlich nicht mehr im Bach schwimmen können, dann sind sie sehr traurig. Was kann passiert sein? Ist der Bach einfach verschwunden? Nein, das geht nicht. Ein Bach kann nicht einfach verschwinden! Oder hat jemand den Bach mit nach Hause genommen? Das geht auch nicht, ein Bach ist doch viel zu lang! Lena und Leon rennen an der alten Scheune vorbei und schon bald stehen sie am Bach. Die Fische sind nirgends zu sehen. Die beiden Geschwister suchen weiter, sie suchen rechts und sie suchen links. Nichts, kein einziger Fisch! Ein paar Meter gehen sie den Bachlauf hinauf. An den Bäumen entlang und zwischen den schönen gelben und weißen Blumen hindurch. Und auf einmal sehen sie es: Mitten im Bach liegen große Steine, dicke Äste und sogar ein Brett. Jetzt wissen sie, was ihr Freund gemeint hat. Dort können wirklich keine Fische mehr schwimmen.

Der Bach ist ja fast abgesperrt und das Wasser plätschert gar nicht mehr. Es zwängt sich nur noch an dem Hindernis vorbei! Oh, da sind ja auch die Fische! Gleich hinter den Steinen zappeln sie im Wasser und sie sind wirklich traurig! Lena und Leon wollen helfen, aber allein werden sie das mit den Steinen nicht schaffen. Doch das müssen sie auch nicht, denn plötzlich sind ihre Freunde da. Und nach einer halben Stunde können die Fische wieder freudig im Bach schwimmen ...

Katis kuschelige Wohnung

So eine schöne Wohnung müssten wir auch haben, denkt Kati, die kleine Katze, als sie im Wald die Eichhörnchen treffen. Das wäre richtig klasse. Die Eichhörnchen wohnen in einem Baumstamm. Ganz oben ist ein rundes Fenster, aus dem sie herausschauen und sich die Gegend ansehen können. Gleich darunter ist das Schlafzimmer, wo sich die Eichhörnchen ausruhen, wenn sie wieder einmal einen ganzen Tag unterwegs waren und Futter gesucht haben. Und ganz unten liegt das gesammelte Futter. Dort können sie essen und sich unterhalten. Eine schöne Wohnung, die gefällt Kati wirklich sehr. Hugo ist Katis Freund. Aber der kleine Hund mit dem braunen Fell und den weißen und schwarzen Flecken lacht. Weil die beiden nämlich schon eine Wohnung haben, jeder eine. Kati wohnt in ihrem Katzenkörbchen am Ofen in der Küche des Bauernhauses und Hugo wohnt in seiner Hundehütte draußen im Garten. Aber Kati möchte eben mit Hugo zusammen sein, den ganzen Tag. Wenn sie spielen wollen, muss Kati erst nach draußen laufen und Hugo im Garten suchen. Oder Hugo muss in die Küche kommen. Kati fragt die Eichhörnchen, ob es in der Nähe einen Baum gibt, in dem sie sich mit Hugo eine kleine Wohnung für eine Katze und einen Hund einrichten kann.

Die Eichhörnchen kennen einen ganz schönen und ganz dicken Baum. Da ist bestimmt genug Platz für Kati und Hugo. Beim Bauen wollen die Eichhörnchen sogar helfen. Sie kennen sich im Wald aus und sie wissen, wo sie ein bisschen Stroh oder ein Brett bekommen können. Als Kati mit ihren Pfötchen schon die Wohnung auf den Waldboden malt, stupst Hugo sie an. Er schlägt vor, dass sie doch gemeinsam in seiner Hundehütte wohnen können. Die ist eben dann eine Hunde-Katzen-Hütte für sie beide …

Das gefundene Kätzchen

Lena und Leon haben ein Problem. Hasso, der kleine, weiße Hund mit den lustigen braunen Flecken am ganzen Körper hat ein Kätzchen mitgebracht. Ein ganz junges, höchstens ein paar Tage altes Kätzchen! Weil Hasso sehr klug ist, hat er es aber nicht einfach mitgebracht! Er hat natürlich erst einmal nach der Katzenmama gesucht. Zwischen den Sträuchern, bei den Bäumen und im Gras konnte er aber keine Katzenmama finden. Erst dann hat er das Kätzchen vorsichtig angehoben und zu Lena und Leon getragen. Damit das Kleine da draußen nicht ganz allein ist. Sonst würde es ja frieren und Hunger haben und bestimmt auch Angst. Lena nimmt das Kätzchen auf die Hand und streichelt das weiche Fell. Das Kleine schnurrt und hat keine Angst mehr. Aber es ist auch ziemlich traurig, denn Lena ist ja keine Katzenmama. Wahrscheinlich hat die Katzenmama das Kätzchen einfach dort an der Linde abgelegt. Vielleicht gefällt ihr das Kleine nicht oder vielleicht kann sie es nicht leiden. Das denken Lena und Leon. Und zusammen mit Hasso denken sie nach, wie sie helfen können. Mit einer Flasche guter Milch jeden Tag oder mit ein paar leckeren Fischen aus dem Supermarkt? Eine richtig tolle Idee ist das nicht, finden Lena und Leon.

Sie merken nicht, dass Hasso plötzlich die Nase gehoben hat und dann einfach davongelaufen ist. Kurze Zeit später ist Hasso zurück und Lena und Leon wundern sich. Denn neben dem kleinen Hund entdecken sie eine Katze. Wer ist denn das? Ja sicher, es ist die Katzenmama! Die hatte nämlich mit ihrer Kleinen in einem Heuhaufen geschlafen und während sie noch schlief, ist das Kätzchen neugierig die Welt erkunden gelaufen. Aber nun schnurrt das Kätzchen mit der Katzenmama wieder glücklich um die Wette …

Gäste im Kuhstall

Katja, das kleine Kälbchen, läuft jeden Tag mit ihrer Mami auf der Weide bei den beiden Bäumen herum. Und jeden Tag sind auch die kleinen Maulwürfe da. Einer von ihnen heißt Martin, das weiß Katja inzwischen, denn Martin ist ein ganz Lieber. Die Maulwürfe buddeln und buddeln ohne Pause, manchmal tauchen sie aus einem Loch auf und manchmal verschwinden sie auch wieder. Wenn sie Katja und ihre Mami sehen, freuen sie sich immer und lachen. Katja und Martin sind gute Freunde geworden und Katja hat gemerkt, dass Martin immer da buddelt, wo sie gerade steht und Gras frisst. Martin steckt einfach seinen Kopf aus der Erde, sagt hallo und grinst, wenn Katja erschrickt und ein bisschen zur Seite springt. Nun fragt Martin, ob Katja ihn einmal besuchen möchte. In der Wohnung in der Erde, in der er mit seinen Geschwistern und seinen Freunden wohnt. Katja lacht. Wie soll sie es durch das kleine Loch und die schmalen Gänge schaffen, das geht doch wirklich nicht. Martin ist traurig und in einem Auge hat er schon eine Träne. Katja will ihn also nicht besuchen? Dann ist sie doch auch nicht seine Freundin, weil Freunde sich immer besuchen. Das erzählen doch alle, das haben auch die Mama und der Papa von Martin gesagt.

Die haben auch Freunde eingeladen und diese werden auch kommen. Nur Katja nicht. Auch Katja ist jetzt traurig. Weil sie Martin gern besuchen möchte und weil das nicht möglich ist. Die Mama von Katja möchte nicht, dass Katja und Martin traurig sind. Deshalb lädt sie einfach Martin und alle anderen Maulwürfe in den Kuhstall ein. Martin setzt sich lachend auf Katjas Rücken und die anderen Maulwürfe setzen sich auf den Rücken von Katjas Mama. Und schon bald sind sie am Stall …

Die kleine Schule

Wo können Anna und Andy auf dem Hof von Tante Paula und Onkel Paul am besten Schule spielen? Ja, gleich vor dem Haus! Dort treffen sich die Wege und dort ist genug Platz für ein schönes Klassenzimmer. Außerdem liegt dort ein großer Haufen Holz, das Onkel Paul später noch hacken will. Anna und Andy suchen sich zwei Baumstümpfe aus. Sie schieben sie hin und sie schieben sie her und schon haben sie zwei prima Stühle, auf die sie sich setzen können. Einer der Hunde soll den Lehrer spielen. Er klettert hoch auf den Holzhaufen und setzt sich dann ganz oben hin. Langsam hebt er den Kopf und schaut erst Anna und dann Andy an, und danach wieder Anna. Und dabei sieht er so sehr wie ein echter Lehrer aus, dass Anna und Andy wirklich überlegen, ob sie Hausaufgaben aufbekommen haben und ob sie die dabei haben. Die kleine Katze Lisa und der kleine Hund Leo kommen neugierig angelaufen und wollen natürlich wissen, was da auf dem Holzhaufen passiert. Sogar ein Huhn flattert heran und eine Maus kriecht aus einem Mausloch und setzt sich zu ihnen. Und Benny spaziert auch noch herbei. Für einen Moment sieht es so aus, als ob sich tatsächlich eine richtige Schulklasse versammelt hat und darauf wartet, dass der kleine Lehrer eine Aufgabe stellt.

Aber nur für einen Augenblick. Benny und sein kleiner Bruder wollen nämlich kuscheln. Deshalb springt Benny zu Anna und sein Bruder zu Andy und sie schlecken den beiden die Gesichter ab. Sie dürfen bei Anna und Andy auf dem Schoß sitzen und das gefällt ihnen sehr. Leo, Lisa und die kleine Maus sind schon verschwunden, sie spielen fangen und laufen gerade unter dem Pferd Sultan hindurch. Stimmt, denken nun auch Anna und Andy, spielen ist in den Ferien viel besser als Schule ...

Ein aufregender Tag

Lena und Leon zelten mit ihren Freunden am See. Die Zelte haben sie zwischen dem Waldrand und dem See auf einer Wiese aufgebaut. Ein gelbes Zelt, ein grünes, ein rotes und ein blaues. Und ein besonders tolles in Lila, das wie ein kleines Zirkuszelt aussieht. Seit dem Morgen sind sie schon unterwegs, weil die Sonne heute ganz besonders schön scheint. Sie haben die Fische im See beobachtet und sie haben im Wald ein Baumhaus gebaut. Aber nicht in einem Baum, sondern einfach am Boden. Weil die Bäume ziemlich hoch sind und das Klettern darauf sehr gefährlich ist. Und sie haben im Wald mindestens drei Rehe gesehen. Nun sitzen alle Freunde zusammen am See und wollen essen. Aber sie können nicht essen, weil sie das Essen einfach vergessen haben! Was sollen die Freunde tun? Im Wald gibt es Beeren, aber diese Beeren darf keiner essen, weil sie giftig sind! Lena und Leon und die anderen haben kein Geld mitgenommen, sie wollen ja am Abend schon wieder zu Hause bei ihren Eltern sein. Deshalb können sie auch nicht einfach im nahen Dorf einkaufen! Plötzlich ist Leon verschwunden. Auch das noch, denkt Lena! Kein Essen und kein Leon! Das ist ein richtig toller Tag geworden! Nach höchstens zehn Minuten ist Leon doch zurück.

Aber nicht allein, denn er trägt mindestens zehn bunte Blumen. Vielleicht sind es auch zwanzig. Die Kinder legen die Blumen und ein paar Gräser zu einem riesigen Strauß aufeinander. Dann binden sie den Blumenstrauß mit einem besonders langen Grashalm zusammen. Mit dem Strauß laufen Lena und Leon ins Dorf zu dem kleinen Laden. Die Frau dort freut sich so sehr, dass sie den beiden Brot, Wurst und Milch und sogar Schokoriegel schenkt ...

Im Supermarkt

Lena und Leon haben den Ladendieb nicht gesehen. Auch wenn der gestern schon wieder zugeschlagen hat. Diesmal fehlte eine Tüte Schokokugeln aus dem Süßwarenregal. Das hat der Mann im Supermarkt Lena und Leon gerade verraten. Der Mann trägt einen tollen weißen Kittel, aber er ist trotzdem traurig. Weil niemand etwas stehlen darf! Lena und Leon wollen den Ladendieb entlarven, denn der Mann im Kittel ist immer richtig nett. Wenn Lena das Gemüse nicht findet oder wenn Leon den Ananas-Joghurt sucht. Er soll nicht mehr traurig sein! Also laufen Lena und Leon mit ihrem Wagen durch den Supermarkt und sehen sich unauffällig um. Dabei denken sie nach. Außer den Schokokugeln wurde noch ein Beutel Gummibärchen, eine Stange Kaugummi und eine Schachtel Bonbons gestohlen. Im Regal lagen die gestohlenen Süßigkeiten genau in Kinderhöhe, nie höher! Der Dieb ist also wahrscheinlich ein Kind! Opas essen ja bestimmt keine Gummibärchen mehr und Omas keine Bonbons! Lena und Leon packen verschiedene Dinge in ihren Wagen, damit der Dieb nicht merkt, dass sie ihn suchen. Wenn er überhaupt da ist! Bestimmt stiehlt er die Sachen, wenn nicht so viele Leute im

Markt sind. Ein kleiner Junge acht Lena und Leon an und die beiden Geschwister achen zurück. Der Kleine sitzt im Kindersitz eines Einkaufswagens und lässt sich durch die Gegend schieben. Aber … Moment! Hat er nicht eine Schokolade hinter seinem Rücken? Lena und Leon fragen ihn. Der Junge staunt. Er hat die Sachen nicht gestohlen, er hat sie nur aus dem Regal genommen, wenn ihm angweilig war. Seine Mama bekam davon nichts mit. Und deshalb konnte der Junge die Süßigkeiten dann auch mmer hinter die Küchenrollen legen. Es gibt also gar keinen Dieb …

Freunde hinter dem Zaun

Die Küken und die Henne Hanna wollen einen Ausflug zu den Tieren hinter dem Holzzaun machen. Hinter dem Holzzaun, der mitten über den Weg gebaut ist, wohnen Mäuse und Igel. Und die haben die Küken noch nie gesehen. Hanna hat ein bisschen Angst, aber die sechs Küken bleiben auf dem Weg, auch wenn sie ziemlich neugierig sind und noch nie so weit weg vom Hühnerstall auf dem Bauernhof waren. Die Küken laufen ihr brav nach, den ganzen schmalen Weg zwischen dem Feld und der Wiese entlang. Hanna flattert vorsichtig hin und her und beobachtet alles. Sie muss ja ganz sehr auf die Kleinen aufpassen, auch wenn die schon ein bisschen groß sind. Als sie den Zaun erreichen, sieht Hanna, dass ein langes Brett an einem der Zaunpfosten liegt und den Küken und ihr den Weg versperrt. Ein kleines Problem für Hanna, aber wirklich nur ein kleines. Sie ist nämlich ganz stark, wenn sie sich um ihre Küken kümmert. Trotzdem muss sie sich ganz schön anstrengen, als sie das Brett bis in die Wiese schiebt und es erst einmal zwischen den dicken Halmen liegen lässt. Aber der Weg ist nun frei! Die Küken piepsen freudig, als sie den Igel und die kleine Maus sehen und auch die beiden sind richtig begeistert von ihren neuen

Freunden. Hanna hat es sich inzwischen auf dem Zaun bequem gemacht, sie will sich ein bisschen ausruhen. Ganz viele andere Mäuse und ganz viele andere Igel kommen angelaufen. Sie spielen mit den Küken, sie lachen und sie singen sogar. Und sie versprechen sich ganz fest, dass sie sich von nun an jeden Tag treffen wollen. Als die Küken mit Hanna wieder zurück im Hühnerstall sind, rennen sie gleich zu den anderen Küken und erzählen ihnen von ihrem wunderschönen Ausflug zu den Tieren hinter dem Zaun …

Ein Geschenk für Mama

Die Katzenmama hat Geburtstag. Und wenn eine Mama Geburtstag hat, dann schenken ihr die Kinder ja immer etwas. Etwas Gebasteltes, etwas Gemaltes oder etwas Gebackenes, selbst gemacht. Oder, wenn es mit den Ideen nicht so toll ist, dann kann es auch etwas Gekauftes sein. Weil Lisa, Mauzi und ihre Schwester aber nicht so richtig basteln, malen oder backen und auch nicht mit dem Traktor ins Dorf fahren können, übernehmen Anna und Andy das mit den Geschenken. Also gibt es eine Schüssel mit Milch und eine Schüssel mit frischen Fischen. Ein besonderes Geschenk gibt es auch noch, das hat sich die Mama von Lisa und Mauzi selbst ausgesucht. Sie hat im Haus von Tante Paula und Onkel Paul das Oberteil von einem Kinderwagen entdeckt, so eine Wanne mit Stoff, in der eigentlich Babys herumgefahren werden. Der Katzenmama gefällt diese Wanne mit der Plane, die außen dunkelblau und innen so schön hellblau ist. Und die Tante und der Onkel brauchen den Kinderwagen nicht, ihre Tochter ist ja kein kleines Baby mehr, sondern schon eine richtige große Frau. Weil die Katzenmama gar nicht mehr aus ihrem neuen und ziemlich großen Katzenkörbchen herauskommen will, tragen Anna und Andy das Kinderwagenteil zur

Hundehütte. Mit der Katzenmama, die darin sitzt und sich sehr über ihr schönes Geschenk freut. Vor der Hundehütte gibt es eine Geburtstagsfeier. Onkel Paul hat Sultan mitgebracht, den braunen Hengst, der sich für die Katzenmama extra die Mähne gekämmt hat. Er trägt eine Blume im Maul. Sogar der Hahn aus dem Hühnerstall ist zum Gratulieren gekommen. Später will Anna noch ein Radio holen, damit sie mit der Katzenmama eine Geburtstagsrunde tanzen kann. Vielleicht tanzt ja sogar Andy einmal mit …

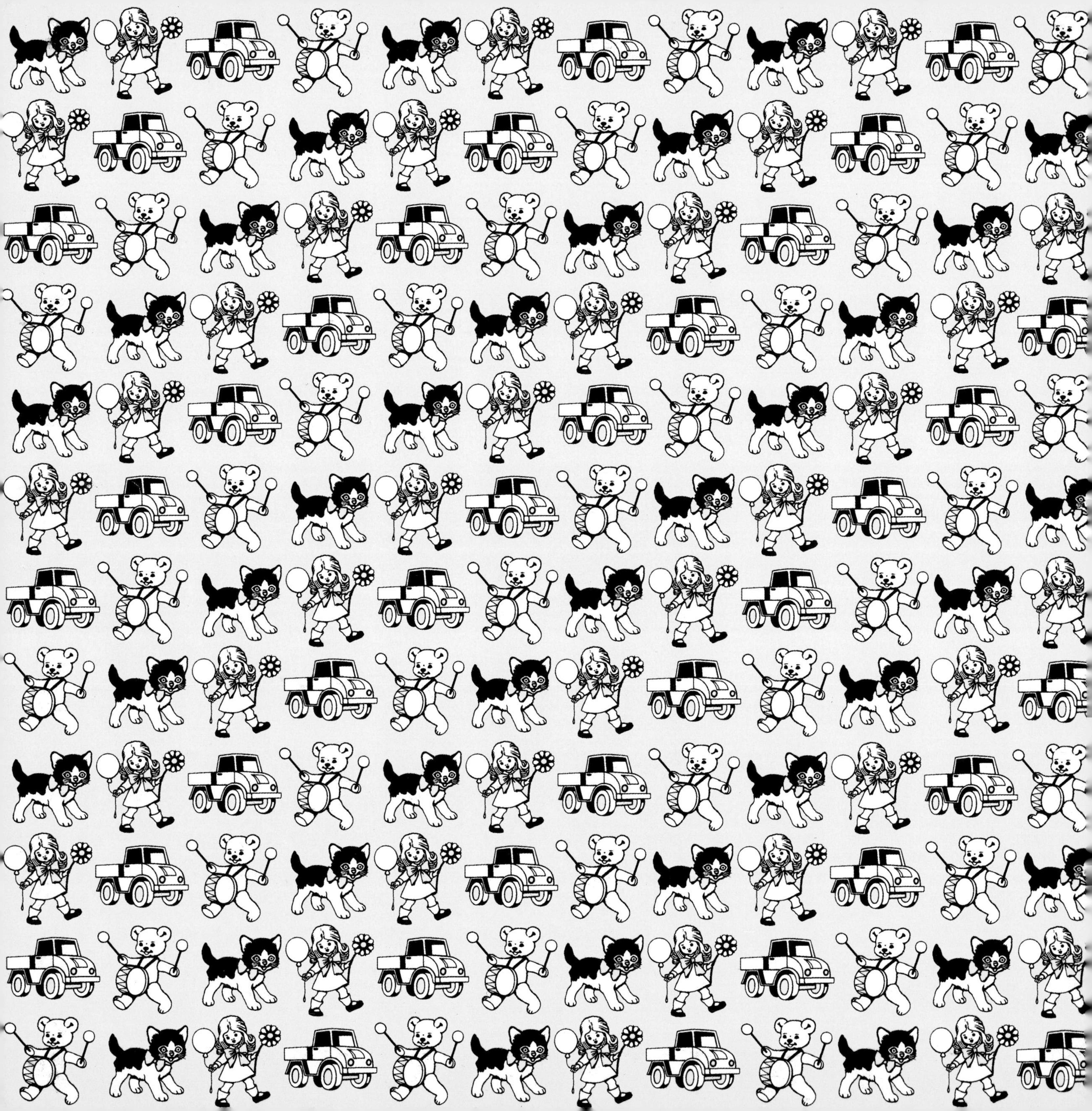